THÈSE

DE

LICENCE.

ACTE PUBLIC

POUR

LA LICENCE

En exécution de l'Article 4, Titre 2, de la Loi du 22 Ventôse an XII.

SOUTENU

Par **M**. de **BUARD** (Joseph-Eugène),

Né à Fontiroux (Lot-et-Garonne).

TOULOUSE,

Typographie Troyes OUVRIERS RÉUNIS,
Rue Saint-Pantaléon, 3.

—

1858.

A LA MÉMOIRE DE MON PÈRE.

A MA MÈRE.

A MA SŒUR.

A TOUS CEUX QUI ME SONT CHERS.

C.

A MON ONCLE,

Témoignage de respect et de vive affection.

Jus Romanum.

De locatione-conductione.

Dig. Lib. XIX, Tit. II. — Inst. Just. Lib. III, Tit. XXIV.

Locatio-conductio est contractus juris gentium et non verbis sed consensu perficitur , sicut emptio-venditio (L. 1 , Dig. hoc titulo.)

Cæterum quemadmodum emptio-venditio contrahitur, si de pretio convenerit, ita et locatio-conductio contrahi intelligitur , si de mercede convenerit (Dig. ibid.)

Adeo autem familiaritatem aliquam habere videtur emptio-venditio cum locatione-conductione ut in quibusdam quæri solet utrum emp-tio-venditio sit an locatio-conductio; exempli gratia , si cum aurifice mihi convenerit ut is ex auro suo annulos mihi faceret certi ponderis, certæque formæ, et acceperit , verbi gratia, trecenta ; utrum emptio-venditio sit , an conductio-locatio? Dicit Jurisconsultus unum esse negotium , et magis emptionem-venditionem esse. Sane si ego aurum dedero , mercede pro opera constituta , non dubitatur quin locatio-conductio sit.

Locatio-conductio est *rei* , quando usus pro mercede constituitur.

Operarum locatio-conductio est, quando operæ pro certa mercede præstandæ sunt.

Operis denique, quando opus aliquod pro certa mercede conficiendum locatur, exempli gratia, civitas locat mihi pro certa mercede balnea conficienda

Hinc et personæ conductorum diversa nomina acceperunt. Qui ædes conduxit inquilinus appelatur ; colonus , quando prædia rustica conduxit ; publicanus , si vectigatia ; denique qui opus conduxit , redemptor vocatur.

Ad exemplum emptionis-venditionis tria essentialia requiruntur : consensus , res vel operæ et merces.

Diximus, consensu solo hunc contractum perfici ; inde sequitur, statim ac de re et mercede convenerit, nasci inde obligationem et actionem ultro citroque. Attamen potest conveniri ut leges contractus in scripturam redactæ sint ; tunc non statim nascitur obligatio et actio , sed tunc demum , si instrumentum scriptis adimpletum sit.

Omnes possunt locare et conducere, qui consentire et de rebus suis libere disponere possunt. Excipiuntur tamen milites qui ob utilitatem Reipublicæ prohibentur conducere vel locare operas suas ; ne a signis abstrahantur ; item curatores et tutores res fiscales.

Generaliter , res quæ vendi possunt etiam locari possunt. Sunt tamen res quæ vendi non possunt , tamen recte conduci possunt; veluti res ecclesiæ, civitatum, publicæ. Servitutes locari non possunt. (L. 44 , locat. conduct. h. t.).

Porrò , res non debent esse fungibiles : nam res fungibiles propter earum naturam locari non possunt; si quidem fungibiles res ita comparatæ sunt ut usu consumantur.

Item , necesse est ut operæ illiberales et honestæ sint ; liberales enim, id est, quæ ingenio præstandæ sunt , non possunt locari ; quia non admittunt æstimationem , ideoque merces constitui non potest.

Inde sequitur , sacerdotes ecclesiæ, professores , advocatos, medicos , grammaticos non locare operas, quia hæ nullo pretio æstimari possunt. Hinc, si aliquid istis doctis detur, non merces appelatur, sed honorarium; scilicet tanquam honor eis tribuitur, si pecunia vel alia res eis detur remunerandi causa.

Merces in pecunia numerata consistere debet. Alioquin, si pro pecunia numerata alia res detur vel aliquid aliud præstetur, non est locatio, sed aliquis contractus innominatus, ex. *Do ut des vel do ut facias.*

Convenerit inter partes ut pro prædio rustico locato colonus domino quotannis præstet dimidiam partem fructuum fundi : quid juris ? Apparet ex lege 25, § 6. Dig. h. t., istam conventionem non esse locationem, sed quandam societatem; hoc est, colonus partiarius, quasi societatis jure et lucrum et damnum cum domino fundi patitur ; alioquin, conductor non tenetur de vi majori; si plus quam tolerabile est, læsi fuerint fructus ; — quoad modicum damnum, colonus debet ferre æquo animo; quia istud modicum damnum colono lucrum non aufert.

Merces debet esse vera, justa : nam, ut aït Ulpianus, L. 46. Dig. tit., si quis conduxerit uno nummo, conductio nulla est; potius donatio est quam conductio.

Merces debet esse et certa per se aut per relationem ad aliud.

Itaque si fulloni polienda curandave aut sarcinatori vestimenta quis dederit, nulla statim mercede constituta, sed postea tantum daturus quantum inter eos convenerit, non propriè locatio et conductio contrahi intelligitur, sed eo nomine actio præscriptis verbis datur. (Inst. § 1, h. t.)

Idem dicitur in lege 22, præscriptis verbis, Dig. lib. XIX, tit. 5. « Si tibi polienda sarciendave vestimenta dederim, si quidem gratis hanc operam te suscipiente, mandati est obligatio; si vero mercede data aut constituta locationis-conductionis negotium geritur. Quod si neque gratis hanc operam susceperis, neque protinus aut data aut constituta sit merces, sed eo animo negotium gestum fuerit, ut postea tantum mercedis nomine daretur quantum inter eos statutum sit, placet, quasi de novo negotio, in factum dandum esse judicium, id est præscriptis verbis.

Obligationes quæ ex hoc contractu nascuntur sunt : locator debet rem vel operas, sicut promisit præstare. Si opus conductum sit, merces promissa justo tempore dari oportet.

Conductor obligatus est ad mercedem vel pensionem solvendam justo tempore.

Si opus sit conductum, redemptor debet opus confectum tradere, sicut conventum est.

Conductor et locator, quia par est utriusque commodum, ad exactam diligentiam adstringitur.

Casum, in hoc contractu dominus sentit, nisi conductor eum in se suscepit.

Et hinc consequens est ut, si conductor re frui planè non potuerit, merces quoque cesset : si autem pro parte tantum uti non potuerit, remittitur ex mercede tantum quantum æquitas jubet.

Contractus, locatio-conductio continuandus est per tempus definitum, adeo ut etiam heredes ex hoc contractu teneantur per tempus definitum.

Sanè, si operæ locatæ sint, hæ mortuo locatore ab heredibus præstandæ non sunt, quia personæ industria electa est.

Actiones ex hoc contractu duæ nascuntur : una locati, altera conducti vocatur. Utraque directa est, quia et locator et conductor sibi invicem statim ab initio et ex ipsa natura contractus obligantur.

Actio locati datur locatori adversus conductorem ejusque heredem ad mercedem vel usuras ex morâ solvendas, ad rem restituendam, et damnum resarciendum.

Actione conducti agit conductor adversus locatorem ad consequenda omnia quæ ille ab hoc ex legibus contractus exigere potest.

Denique, utraque actio bonæ fidei est. (L. 54. Dig. h. t.).

Code Napoléon.

Du contrat de mariage.

CHAPITRE PREMIER.

Dispositions générales.

(Art. 1587 à 1598.)

Comparaison du régime dotal et de celui de la communauté.

Il est bien certain que l'union matrimoniale , ce lien sacré que protégent et sanctionnent à la fois la loi civile et la loi religieuse , doit être surtout le lien des âmes et des intelligences ; mais comme cette union doit servir de fondement à une famille , il fallait bien aussi se préoccuper de l'avenir matériel des enfants, et parler de fortune et d'argent presque au même moment où l'époux met sa main dans la main de l'épouse. Le Droit Romain avait dit que le mariage devait durer toute la vie , *individuam vitæ consuetudinem continens* ; ne faut-il pas dès lors assurer l'avenir même de la vie matérielle ? C'est là l'objet de la rédac-·tion des conventions matrimoniales.

Sans doute, la loi elle-même , en l'absence d'un contrat de mariage , règle la situation pécuniaire des époux respectivement l'un à l'autre , en déclarant qu'il seront censés mariés sous le régime de la communauté , s'ils n'ont rien stipulé ; mais nous allons nous placer dans l'hypothèse où les époux n'ont pas voulu laisser parler la loi toute seule , et nous allons indiquer comment doivent agir ceux qui , s'unissant pour partager ensemble les joies de la vie ou porter ses douleurs , veulent se préoccuper du réglement de leurs intérêts, se gratifier mutuellement , en un mot , insérer dans un acte quelques-unes des conditions qui doivent régir leur vie extérieure.

CHAPITRE PREMIER.

Dispositions générales relatives au contrat de mariage.

SECTION Ire.

Quelle est la capacité nécessaire pour le contrat de mariage ?

(1398). Une vieille maxime que l'ancienne jurisprudence traduisait ainsi : *Habilis ad nuptias , habilis ad nuptialia instrumenta*, est passée toute entière dans notre Droit. Aussi le mineur peut consentir, dans son contrat de mariage, à toute convention ou donation , pourvu qu'il ait été assisté, dans le contrat , des personnes dont le consentement est nécessaire pour la validité du mariage. L'art. 1309 , du reste, corrobore le principe de l'art. 1398, en déclarant que le mineur n'est pas restituable contre les conventions contenues dans son contrat de mariage.

Une seule exception est faite au principe qui veut que l'on puisse toujours faire un contrat de mariage quand l'on peut se marier , c'est celle qui ne permet qu'à la femme *majeure* de consentir à la restriction de son hypothèque légale sur les biens de son mari.

Il faut remarquer que l'art. 1398 exige la présence des personnes dont le consentement est nécessaire pour la validité du mariage et non pas celle du tuteur. Aussi quand un mineur est privé de son père , et que sa mère est remariée et destituée de la tutelle , le consentement de la mère suffira pour la validité du contrat de mariage , puisqu'il est suffisant pour la validité du mariage lui-même.

Si le contrat de mariage a été rédigé eu dehors de l'assistance salutaire que nous venons d'indiquer, il n'est pas douteux que le mineur sera censé marié sous le régime de la communauté ; mais on peut se demander pendant quel délai l'on pourra opposer la nullité du contrat de mariage , et quelles fins de non-recevoir pourront être élevées contre l'action en nullité. Il nous paraît certain que si le mariage en lui-même est valable , et que si le contrat est seul atteint de nullité , c'est seulement pendant le délai de dix ans que ce vice pourra être opposé ; mais il nous semble également que ce délai ne devra courir qu'à partir de la dissolution du mariage. En effet , si la nullité vient du côté de la femme , elle est, pendant tout le temps du mariage , sous la dépendance de son mari , qui ne lui permettra pas d'agir ; et si la nullité vient du côté du mari , ne faut-il pas dire que la prescription ne court pas entre époux ? Nous croyons , en nous fondant sur les mêmes raisons , que la ratification expresse d'un pareil contrat ne pourra pas avoir lieu pendant tout le cours du mariage.

L'interdit ou le prodigue peuvent-ils consentir à des conventions matrimoniales seuls ou avec l'assistance d'un protecteur ?

Pour l'interdit, il est certain que tout dépend du point de savoir s'il peut se marier dans un intervalle lucide ; et, comme nous pencherions volontiers pour la négative , nous ne pouvons pas admettre la validité du contrat. Mais *quid* du cas où l'époux n'aurait pas été interdit et où cependant il aurait été, au moment du contrat de mariage, dans un état de folie incompatible avec un véritable consentement ? L'époux pourrait , ce nous semble, profiter du premier retour de sa raison pour demander la nullité de ses conventions matrimoniales.

Quant au prodigue qui peut évidemment se marier , la seule question est de savoir si l'assistance de son conseil judiciaire est essentielle à la rédaction de son contrat. La négative semble s'induire assez bien des termes mêmes de l'art. 513 du Code de Napoléon, qui ne range pas le contrat de mariage parmi les actes pour lesquels est nécessaire l'assistance du conseil judiciaire , et il faut avouer que la forme de cet article paraît bien limitative. Nous admettrons cependant l'opinion inverse; car, malgré la faveur qui s'attache au mariage et à tout ce qui l'environne , qui peut garantir que ce prodigue ne sera pas , au moment de son union , l'objet de séductions vulgaires faciles à exercer et dont on ne laissera probablement pas passer l'occasion ? D'ailleurs , est-ce que presque tous les contrats de mariage ne renferment pas des donations , et le prodigue peut-il consentir tout seul des libéralités ? Evidemment non.

SECTION II.

Conditions intrinsèques pour la validité du contrat de mariage.

§ 1er. — *Conventions permises.*

1391). Le Code ayant posé certaines règles particulières dont l'ensemble peut donner, dans son application , telle ou telle physionomie à l'association matérielle des intérêts des époux , et chacune de ces séries de règles ayant pris le nom de *régime* , il est permis aux époux de prendre tel ou tel de ces régimes comme base de leur contrat de mariage , sans avoir besoin de reproduire l'énonciation des règles que la loi a formulées. Il est même permis aux époux de combiner , dans une certaine mesure , les différents régimes , même les plus disparates ; ainsi l'on peut combiner la communauté réduite aux acquêts avec l'application de toutes les règles du régime dotal.

Le texte de l'art. 1391 semble ne laisser de choix aux parties con-
tractantes qu'entre le régime de la communauté légale et le régime dotal ;
mais il faut compléter cette disposition en y ajoutant le régime de la
communauté conventionnelle , celui de l'exclusion de communauté et
celui de la séparation de biens.

Le régime dotal, donnant aux biens de la femme constitués en dot le
privilége exorbitant et si dangereux pour les tiers de l'inaliénabilité et de
l'imprescriptibilité , le législateur a voulu que l'adoption de ce régime fût
formulée dans des expressions bien nettes dont il nous faut maintenant
donner quelques exemples.

Ainsi d'abord, il est bien certain , aux termes de l'art. 1392 , que la
simple stipulation que la femme se constitue ou qu'il lui est constitué
des biens en dot, ne suffit pas pour soumettre ces biens au régime
dotal. Cela se comprend de reste ; car l'expression de *dot* a un sens gé-
nérique qui s'applique aussi-bien au régime de la communauté qu'à
tout autre régime.

Il faut cependant remarquer que, par une bizarrerie peut-être étrange,
l'adoption du régime dotal résultera suffisamment de l'adoption des expressions *biens dotaux* dans un contrat de mariage. Toute espèce de doute
sera , à plus forte raison, interdit , si à côté de l'expression *biens dotaux* ,
vient se joindre celle de *paraphernaux* , appliqués à d'autres biens que
ceux que la femme s'est constitués en dot.

Nous croyons également que l'adoption du régime dotal résultera suffisamment de l'indication d'inaliénabilité appliquée à quelques biens de
la femme , tandis qu'il n'en serait pas de même si seulement elle se
constituait en dot certains biens , avec autorisation donnée à son mari
de les aliéner à charge de remploi ; car si l'inaliénabilité est exclusive-
ment propre au régime dotal , l'obligation du remploi peut exister même
sous le régime de la communauté.

Pourvu que la volonté des époux soit bien manifeste, la loi la consa-
crera toujours, même lorsqu'elle produira un ensemble résultant de la
combinaison de tous les régimes dont le Code a dessiné les caractères ,
pourvu cependant que ces combinaisons ne produisent pas d'impossibles

contradictions. Quelquefois même , devant la faveur attachée au contrat pécuniaire qui accompagne l'union matrimoniale ; il est permis de déroger à certaines dispositions prohibitives du Code. Ainsi , les époux peuvent stipuler entre eux une société générale de tous biens , tandis que d'autres personnes ne le pourraient pas (1837 , 1826). Les donations de biens à venir ou faites sous une condition potestative , pourront trouver place également dans un contrat de mariage , tandis qu'elles sont interdites dans les cas ordinaires.

§ 2. — *Conventions prnhibées.*

Précisément à cause de la faveur que le contrat de mariage commandait , et parce que à l'aide de cette faveur spéciale , les parties auraient pu franchir les bornes les plus reculées qui étaient fixées pour leurs conventions , il a fallu fixer en quelques mots la limite qu'il serait interdit de franchir. Que les époux dans leur contrat embrassent , sous l'empire de préoccupations légitimes , et le présent et l'avenir , qu'ils y fassent entrer des mandats , des séparations , des pactes aléatoires , des contrats de bienfaisance ou des contrats intéressés , c'est bien ; mais il ne faudra ni violer les bonnes mœurs , ni faire déchoir la puissance paternelle ou l'autorité maritale du piédestal que leur ont fait à la fois et le bon sens pratique et la morale , qui veulent que la puissance appartienne au plus fort , non pas pour qu'il en abuse et dans son intérêt exclusif , mais pour protéger et soutenir les plus faibles. Ce sont là les dispositions prohibitives les plus importantes contenues dans les art. 1387 et 1388 du Code ; précisons-les ; mais n'oublions pas cependant de mentionner les autres.

La convention par laquelle deux époux consentiraient à vivre séparément serait annulée comme immorale ; mais nous ne croyons pas qu'on dût proscrire comme telle , celle qui , par exemple , ne maintiendrait une donation faite par un époux à l'autre , qu'à la condition que l'époux donataire ne se remariât pas. Il est vrai que les lois des 5 brumaire an VII et du 17 nivose an II prohibaient cette convention ; mais il est certain que ces lois sont abrogées.

Le père ne pourra aliéner par aucune convention le droit de correction sur ses enfants, le droit de jouissance sur leurs biens, le droit de les émanciper ou de consentir à leur mariage.

Le mari non plus ne pourra pas, ni par voie directe, ni par voie détournée, briser dans ses mains sa puissance dans le ménage, par exemple, en consentant à sa femme une procuration générale pour tous les actes dans lesquels elle pourrait avoir à figurer.

Le législateur, en disant dans l'article 1388 que le mari ne doit pas voir disparaître ses droits *comme chef*, a voulu parler bien plutôt de ses prérogatives sur les biens que sur les personnes. Ainsi serait nulle en vertu de cette énonciation, la clause par laquelle la femme deviendrait chef de la communauté, ou par laquelle il ne serait permis au mari d'aliéner ses biens qu'avec le consentement de sa femme.

Il ne faudrait pas aller cependant jusqu'à interdire à la femme de se réserver sous le régime de la communauté une partie des revenus de ses propres ; cette clause n'a rien de contraire aux règles essentielles de la communauté. Il en serait autrement sous le régime dotal, si la femme voulait se réserver la totalité de la jouissance de ses revenus dotaux. Une formule générale énoncée dans l'article 1389 prohibe toute stipulation tendant à écarter l'application des dispositions prohibitives du Code. Citons comme exemple l'article 1395, qui ne permet pas de modifier les conventions matrimoniales pendant le cours du mariage ; l'art 1453, qui ne permet pas à la femme mariée sous le régime de la communauté, de renoncer au droit qu'elle a de renoncer à cette communauté. Il nous semble également, qu'en vertu de cette disposition, elle ne pourrait pas s'interdire le droit d'aliéner ou d'hypothéquer ses immeubles propres avec l'autorisation de son mari.

Il ne sera plus permis, en présence des termes de l'article 1389, comme sous l'ancienne jurisprudence, de faire promettre notamment à une fille, dans son contrat de mariage, de se contenter de sa dot, en renonçant aux biens de ses père et mère. Il ne sera pas permis non plus de constituer en faveur d'un enfant une espèce de droit d'aînesse ; il ne faut pas en effet, dans un contrat de mariage, déplacer l'ordre légal et régulier des successions.

(Art. 1390). Les époux ne pourront pas stipuler d'une manière générale que leur association pécuniaire sera réglée par une des coutumes, lois ou statuts locaux qui régissaient autrefois les diverses parties du territoire français. Il n'est pas défendu cependant de les rappeler dans un contrat, mais il faut alors se les approprier complétement comme si elles émanaient de notre volonté particulière.

SECTION III.

Conditions extrinsèques de la validité du contrat de mariage.

(1394). Toute convention matrimoniale doit être rédigée avant le mariage par acte devant notaire. C'était le moyen d'assurer l'indépendance respective des deux époux qui, après la consécration de leur union, auraient peut-être agi sous l'empire de préoccupations trop diverses. Il nous paraît dès-lors qu'il faudrait annuler un contrat qui, quoique dressé avant la célébration du mariage, n'aurait cependant été signé qu'après. Toute ratification de pareilles conventions nous paraîtrait inutile, si elle était opérée avant la dissolution du mariage.

Puisque la loi ne veut pas que le contrat de mariage puisse être rédigé *constante matrimonio*, il fallait bien déclarer aussi que, pendant cette période, il ne saurait recevoir de modification. Deux raisons servent de fondement à cette règle, d'abord l'intérêt des époux, qui ne veut pas que, sous l'influence d'un caprice passager, un acte aussi important soit fait et refait tous les jours ; ensuite, il faut bien que les tiers ne souffrent pas non plus de ces changements qui détruiraient le fondement de leurs conventions avec les époux. Nous repousserions donc comme contraire à la règle posée, la convention qui autoriserait pendant le mariage une séparation de biens, et comme conséquence forcée la remise anticipée de la dot par le mari à la femme.

Mais nous croyons qu'il serait bien dur de ne permettre aux époux d'accepter des donations faites par des tiers, que si ces donations ne renferment que des conditions tout-à-fait compatibles avec le régime adopté par les époux. Pourquoi, en effet, les tiers donateurs seraient-ils liés par un contrat qu'ils n'ont pas consenti ?

Dans plusieurs ressorts d'anciens Parlements il avait été admis, en vertu même de principes de délicatesse et en vertu de scrupules exagérés, *pro pudore et sexûs verecundiâ*, que la jeune fille ne devait pas assister au réglement de ses intérêts pécuniaires ; et dès-lors une foule de contrats de mariage se rédigeaient en l'absence de la jeune fille pour laquelle ses auteurs se portaient fort ; mais cette pratique, après avoir été combattue par un assez grand nombre d'arrêts de Cours impériales, a été décidément condamnée par arrêt de la Cour de Cassation du 9 janvier 1855.

La forme authentique du contrat de mariage est de l'essence même de ce contrat ; on comprend l'importance de cette exigence. Il fallait empêcher les antidates du contrat de mariage pour éviter la violation de l'art. 1394 ; il fallait également que le pacte de famille ne fût pas mis en question par des vérifications d'écritures souvent conjecturales. Aussi, en l'absence de la forme notariée, le contrat serait infecté d'une nullité radicale, et sa ratification ne saurait avoir lieu pendant le mariage, pas plus que la prescription de l'action en nullité : car la ratification tacite par le moyen de la prescription suppose le consentement ; or, le consentement tendant à créer ou à confirmer un contrat de mariage pendant le cours même de l'union matrimoniale, n'a aucune sorte de valeur.

La loi tient tellement à l'incommutabilité des conventions matrimoniales que, même dans l'intervalle de temps qui s'écoule depuis leur confection jusqu'à la célébration du mariage, elles ne peuvent recevoir de modification qu'avec le concours de certaines conditions.

D'abord il faut que ces changements soient faits dans la même forme que le projet qu'ils modifient, c'est-à-dire par devant notaire et en présence de témoins, sans que l'on exige cependant l'assistance du même notaire ou la présence des mêmes témoins.

Il faut, de plus, que les changements soient faits en la présence et avec le consentement *simultané* de toutes les personnes qui ont été *parties* au contrat de mariage. Cette dernière expression doit comprendre seulement les personnes qui ont été présentes pour habiliter par leur consentement les époux mineurs, ou bien ceux qui , parents ou non , ont fait des donations ou promis des avantages.

Si l'une de ces parties refuse son adhésion , ce refus entrave tout , quand c'est un ascendant. Si c'est un donateur , on peut se passer de son adhésion en renonçant à sa libéralité.

Si l'une des parties est interdite ou décédée , dans le cas où c'est un ascendant père ou mère du mineur, le consentement de celui qui reste suffit. 'Si c'est un ascendant autre que père ou mère , il sera remplacé par un ascendant du degré supérieur , ou bien par le conseil de famille , Si c'est un donateur , le changement ne pourra être fait qu'à la condition de renoncer à la donation ou d'obtenir le consentement de ses héritiers.

Il faut enfin que les changements introduits au contrat fassent corps avec lui, pour que le tiers contractant avec les époux apprenne en même temps que le contrat , les modifications qu'il a subies; aussi faut-il les placer à la suite du contrat lui-même.

Enfin la loi exige que le notaire ne délivre jamais une expédition du contrat sans délivrer en même temps l'expédition de la contre-lettre ; car autrement les tiers qui , en voyant l'expédition se seraient cru dispensés de se faire représenter la minute, ignoreraient aussi-bien l'existance de la contre-lettre que si elle n'avait pas été transcrite sur la minute. Mais dans le cas où un pareil oubli a lieu de la part du notaire, la loi ne déclare pas la contre-lettre nulle ; elle se borne à rendre le notaire responsable du préjudice, et cette responsabilité pourra non-seulement se traduire en dommages et intérêts , mais pourrait entraîner contre lui des peines disciplinaires.

Diverses dispositions ajoutées au Code Napoléon par la loi du 10 juillet 1850, et qui se rattachent aux art. 75 et 76 , 1391 et 1394 offrent désormais aux tiers qui contractent avec une femme , un moyen de se garantir contre le danger résultant pour eux de l'ignorance dans laquelle ils pourraient se trouver de l'existence d'un contrat de mariage, ignorance qui leur serait si préjudiciable·, surtout en·présence de l'adoption du régime dotal. Voici le résultat de ces nouvelles dispositions:

D'abord, tout notaire qui reçoit un contrat de mariage doit délivrer aux parties, sur papier libre et sans frais, un certificat contenant ses noms, sa résidence, les noms, qualités et demeure des époux, la date du contrat, et portant l'indication que ce certificat doit être remis à l'officier de l'état civil avant la célébration du mariage. Lors de cette célébration, l'officier de l'état civil doit, soit que les époux lui aient ou non remis un certificat rédigé comme il vient d'être dit, interpeller les époux ainsi que les personnes qui autorisent le mariage, si elles sont présentes, d'avoir à déclarer s'il a été fait un contrat de mariage; et dans le cas de l'affirmative, la date de ce contrat, ainsi que les noms et le lieu de résidence du notaire qui l'a reçu.

Enfin, si malgré ces précautions de la loi garanties par des amendes, l'acte de célébration déclare que les époux n'ont pas fait de contrat, quand même il y en aurait un, et si la femme d'ailleurs ne fait pas une déclaration contraire dans l'acte où elle traite avec un tiers, elle sera réputée à l'égard de ce tiers, capable de contracter conformément au droit commun. Cela ne veut pas dire que la femme sera censée mariée sous le régime de la communauté qui forme cependant le droit commun, quand il n'y a pas de contrat, mais cela indique que la femme sera censée pouvoir s'engager ou aliéner ses biens avec le consentement du mari, ce qui exclut l'hypothèse de l'adoption du régime dotal, sans contredit le plus préjudiciable à l'intérêt des tiers, puisqu'il permet de faire révoquer toutes les aliénations ou tous les engagements consentis à propos des biens dotaux.

CHAPITRE II.

Comparaison du régime dotal et de celui de la communauté.

Il est évident que si, faisant abstraction des lois économiques, des considérations particulières qni peuvent dominer dans l'administration des ménages, on demandait à un homme tout à fait étranger à la science du droit, soustrait à tout préjugé, quel est le régime sous lequel il semble le plus rationnel de se marier quand on doit s'unir pour la vie et par un lien indissoluble ; il est évident, dis-je, qu'on obtiendra à cette question la réponse que voici : la communauté des biens doit suivre comme un corollaire obligé l'union indissolubl e des âmes et des corps.

Cette première impression, qui n'avait certes pas échappé au vieux commentateur de la coutume du Nivernais, aussi naïf que profond, Guy-Coquille, car il nous dit dans son charmant langage, que « comme l'es-» prit et le corps des époux sont conjoints par union excellente, de » même il faut que leurs biens soient en union », se corrobore dans son esprit par une réflexion qui ne manque pas non plus de portée, à savoir « que vraisemblablement on a introduit la communauté entre » gens mariés pour rendre les femmes plus soigneuses à conserver le » bien de la maison quand elles savent y avoir part et profit. » Cependant, comme le dit aussi un auteur chez lequel la naïveté est loin d'exclure la profondeur, Montaigne, « c'est quelquefois la tyrannie d'un » long usage qui nous impose une idée », et comme Guy-Coquille vivait dans un pays où la communauté était en grand honneur, il ne faut pas nous laisser entraîner, sans réflexion, à son opinion et nous devons exposer avec impartialité les avantages des deux régimes qui se différencient le plus l'un de l'autre.

Sous le régime dotal, le bien apporté par la femme au mari est généralement inaliénable, imprescriptible, enlevé à la circulation des biens ; sous le régime de la communauté au contraire, aucun bien n'est frappé d'une indisponibilité absolue.

Sous le régime dotal la famille est toujours certaine d'avoir un port assuré contre la tempête, contre les dilapidations du mari ; sous le régime de la communauté, à moins que la femme n'ait des propres, le mari peut tout faire disparaître.

La femme mariée sous le régime de la communauté est intéressée à voir grandir cette communauté, parce qu'elle doit profiter de son accroissement ; sous le régime dotal, au contraire, la femme demeure étrangère aux affaires de son mari ; s'il s'enrichit, elle n'en profite point.

Ne semble-t-il pas dès-lors que l'on est entraîné même après la réflexion, vers le régime de la communauté, surtout quand on examine
bien les avantages du régime dotal, qu'on ne peut pas les trouver aussi
nombreux qu'on veut bien le dire.

Sans doute, sous le régime dotal, la femme n'est pas exposée à
perdre sa fortune personnelle ; mais, pour arriver à ce résultat, il faut
isoler la femme des vicissitudes de la vie conjugale, il faut briser le
consortium omnis vitæ. Or, est-ce là la pensée fondamentale de la
religion chrétienne qui a évidemment engendré le régime de la communauté inconnue au monde romain, parce que ce *jus odiosum*, comme
l'appelaient les anciens commentateurs des coutumes, n'avait pas voulu
donner à la femme une position qui la fît tout-à-fait l'égale de son mari?
Sous le régime dotal, combien de fois n'arrive-t-il pas que la bonne
foi soit immolée à la consécration du principe qui veut, que toujours et
partout, *per fas et nefas*, les biens de la femme soient sauvés ?
N'arrive-t-il pas aussi bien souvent, que dans l'impuissance où
l'on est de renvoyer la loi indirectement, on commet tous les jours une
foule de fraudes pour échapper au principe de l'inaliénabilité?

Et au point de vue économique, au point de vue des intérêts généraux de la société, est-il bon qu'une masse considérable de biens soient
enlevés à la circulation? Est-il convenable que le mari ne puisse pas
emprunter, quelquefois pour sauver son ménage de la ruine, parce
qu'il n'a pas d'autres garanties à donner que celles de la dot?

Et les tiers qui contractent avec les époux mariés sous le régime dotal, ne doivent-ils pas trembler tous les jours que leurs acquisitions ne
puissent être révoquées ? Lorsque la dot a été stipulée aliénable à charge
de remploi, quel n'est pas le danger pour l'acquéreur qui doit surveiller l'opération, répondre des causes d'éviction existant aumoment de la
vente et garder peut-être son argent plusieurs années sans pouvoir se
libérer !

Enfin, et cette dernière considération morale n'est point à dédaigner,
pourquoi le régime dotal est-il essentiellement pessimiste, et ne songe-t-il
jamais qu'au mari qui se ruine, tandis que celui de la communauté, au

contraire, songe avant tout aux bons pères de famille, que le progrès et l'agrandissement de la fortune récompensent de leur zèle ?

POSITIONS.

Dans le cas de dissidence entre les deux époux sur la religion dans laquelle on devra élever un enfant, les conventions portées au contrat de mariage et dans lesquelles on aurait fixé la solution de cette question, pourraient-elles être la source d'une action en justice de la part de la mère contre le père qui les aurait violées ? — Non.

La femme qui se constitue des biens en dot, peut-elle, en conservant à ces biens le caractère de dotaux, s'en réserver l'administration et la jouissance ? — Non.

Les époux pourraient-ils valablement renoncer à la faculté qu'ils ont de se gratifier mutuellement ? — Non.

Les époux peuvent-ils convenir en prévoyant la séparation de corps, qu'ils laisseront leurs biens en commun dans le cas où la séparation aura lieu ? — Non.

Peut-on considérer comme valables les changements apportés par un Français à son contrat de mariage rédigé dans un pays où il est permis de faire même le contrat de mariage tout entier, après la célébration de l'union ? — Oui ; la règle de l'incommutabilité des conventions matrimoniales ne devant pas être considérée comme une règle du statut personnel.

Procédure Civile.

Différences principales entre la procédure devant les juges de paix et la procédure ordinaire.

Malgré les reproches souvent adressés dans le monde aux formes de la procédure et à ce qu'on appelle leur lenteur et leur complication, il est bien facile d'en justifier l'utilité. Pouvait-on laisser à l'arbitraire du juge le choix du mode à employer pour découvrir la vérité et favoriser ainsi singulièrement une partie au détriment de l'autre ?

Mais il faut avouer que le plus ou moins d'importance pécuniaire du procès, la nature de la juridiction devait un peu influer sur le nombre et la nature des actes à accomplir pour permettre aux juges d'arriver à la découverte de la vérité que les parties ont si souvent intérêt à cacher. Il fallait notamment que l'institution de la justice de paix, cette juridiction à la fois si douce et si modeste dans l'humble prétoire de laquelle les membres de l'Assemblée Constituante espéraient ensevelir toutes les contestations, se distinguât par la netteté et la simplicité de ses formes de procéder.

C'est ce que nous allons constater en parcourant les principales différences qui séparent la procédure devant les juges de paix de la procédure ordinaire.

Citation ; ajournement.

Il existe deux manières d'appeler une partie devant le juge de paix. L'une est une simple invitation qui, d'après une loi récente, arrive à votre domicile par la poste, affranchie et dont le coût n'est que de 25 centimes, à laquelle la personne appelée n'est pas tenue d'obéir ; c'est le *billet d'avis*, qui ne trouve pas son équivalent devant les tribunaux civils. L'autre est une convocation par huissier à laquelle il faut déférer, sous peine d'être condamné par défaut ; c'est la citation qui répond à l'ajournement devant le tribunal civil.

Il est même toujours permis aux parties de se présenter volontairement devant un juge de paix et de lui donner compétence pour juger, en premier ou en dernier ressort, un différend dont il ne devait être le juge, ni à raison du domicile du défendeur, ni à raison de la situation de l'objet litigieux. (Art. 7). Devant le tribunal civil au contraire, jamais jugement ne peut être rendu s'il n'a pas été notifié un ajournement à la requête d'une partie contre l'autre.

L'article 1er du Code de Procédure impose bien l'obligation d'énoncer dans l'ajournement la date des jours, mois et an, les noms du demandeur, les moyens de la demande et le jour de la comparution ; mais il faut remarquer que, contrairement aux termes de l'article 61 relatif aux exploits d'ajournement devant les tribunaux, devant les juges de paix, ces indications ne paraissent pas exigées à peine de nullité. Cependant il est certain que devant cette juridiction comme devant toute autre, il faut que le défendeur soit bien averti de ce que veut le demandeur. Le juge de paix aura donc pour l'appréciation des lacunes dans la citation donnée devant lui, un pouvoir discrétionnaire plus large que ne l'auraient les tribunaux civils. Mais en principe, la présence du défendeur couvre la nullité de la citation.

L'art. 64 demande la peine de nullité en matière réelle ou mixte, que les exploits d'ajournement énoncent la nature de l'héritage. Il sera bon, sans doute , dans les actions possessoires devant le juge de paix , d'énoncer les mêmes indications ; mais leur absence ne pourra pas entraîner la nullité de la citation.

En matière ordinaire , quand un ajournement est donné devant les tribunaux civils , l'exploit doit être remis à un voisin , conformément à l'art. 68 , et subsidiairement au maire. L'art. 4 , relatif aux justices de paix , permet de porter la copie directement au maire.

Les prohibitions d'instrumenter résultant de la parenté ou alliance, pour les huissiers , sont moins étendues devant les justices de paix que devant les tribunaux ordinaires. La prohibition de l'art. 4 se borne aux parents en ligne directe, aux frères et sœurs et alliés au même degré ; tandis que l'art. 66 s'étend jusqu'au degré de cousins issus de germains.

(Art. 5.) — Le délai pour la comparution depuis la citation n'est que d'un jour franc devant la justice de paix, si la partie citée est domiciliée dans la distance de trois myriamètres. Devant les tribunaux civils , au contraire , le délai est de huitaine franche.

Instruction des affaires devant le juge de paix.

Tenue de l'audience. — (Art. 8). Les juges de paix pourront donner audience chez eux en tenant les portes ouvertes ; ils peuvent ordonner le huis-clos , pourvu qu'ils rendent la sentence publiquement.

Comparution des parties. — (Art. 9.) Les parties doivent comparaître en personne ou par leurs fondés de pouvoirs , sans qu'elles puissent faire signifier aucune défense. Ni l'avocat , ni l'avoué ne peuvent représenter une partie sans être porteurs de procuration.

Exceptions. — La nullité de l'exploit se couvre par la seule comparution de la partie assignée.

Quand on oppose devant le juge de paix une exception d'incompétence, il peut, contrairement à ce qui se passe devant les tribunaux civils, aux termes de l'art. 172 , statuer sur la compétence et sur le fond par un seul et même jugement. C'est ce qui résulte, à notre avis, de l'art. 14

de la loi du 25 mai 1838 , qui ne permet d'appeler de la sentence par laquelle le juge de paix s'est déclaré compétent , qu'après le jugement définitif.

Récusation. — La comparaison de l'art. 44 avec l'art. 378 indique qu'un juge de paix peut être récusé dans beaucoup moins de circonstances qu'un juge ordinaire. Ainsi , il faut qu'il ait un intérêt personnel à la contestation , un intérêt direct ; il ne suffirait pas qu'il fût créancier ou débiteur d'une des parties en cause. Ainsi , l'alliance du juge avec la femme d'une des parties ne suffit pas. Ainsi encore il ne suffirait pas qu'il eût donné un avis verbal sur le procès , il faudrait qu'il l'eût donné par écrit. (Art. 44.)

Enquêtes. — Les enquêtes des justices de paix se font à l'audience avec plus de simplicité encore que les enquêtes sommaires, et les irrégularités commises n'en diminueront guères la portée.

Il n'y a point nécessité de donner connaissance aux témoins du dispositif du jugement , ni d'indiquer à l'avance à la partie adverse les noms des témoins qu'on veut faire entendre.

Quand un témoin est reproché , si le juge de paix admet le reproche , il ne doit pas l'entendre, contrairement à ce que peut faire le juge-commissaire d'après l'art. 284.

Le juge de paix peut entendre les témoins que les parties ont amenés , et qui n'ont pas été régulièrement assignés.

Expertises. — (Art. 42). Le juge de paix peut, s'il le veut, aller visiter les lieux litigieux avec des experts nommés par lui ; il peut nommer d'office un seul expert ; il peut le nommer d'office sans réserver aux parties le droit de le choisir elles-mêmes. Toutes ces règles sont contraires à celles de la procédure devant les tribunaux ordinaires énoncées dans les art. 303 et 304.

Les juges de paix ne peuvent pas connaître des vérifications d'écritures ni des faux incidents; c'est ce qui résulte de l'art. 14 du Code, par lequel le juge est obligé de renvoyer l'affaire aux tribunaux civils qui, du reste, après le jugement de l'incident, garderont le fond de l'affaire et ne le renverront pas devant le juge de paix.

Jugements.

Les minutes des jugeme..ts doivent être portées par le greffier sur la feuille d'audience et signées par le juge qui l'a tenue et le greffier ; mais aucune obligation ne leur est faite de la signer dans les vingt-quatre heures , comme l'exige le décret du 30 mars 1808, relatif aux Cours et tribunaux.

Devant les tribunaux civils et de commerce , les jugements de remise de cause, et ceux qui ordonnent des délibérés, sont les seuls qui ne doivent être ni expédiés, ni signifiés. Devant les justices de paix, au contraire, d'après l'art. 28 , aucun jugement , s'il n'est pas définitif, préparatoire ou interlocutoire, ne pourra être expédié quand ils auront été rendus contradictoirement. Ce qui ne veut point dire que l'expédition et la signification de ces jugements soit absolument interdite, mais que seulement elles ne peuvent , en aucun cas , être passées en taxe à la partie qui les a fait faire.

Si , au jour indiqué par la citation , comme le porte l'art. 19 , l'une des parties ne comparaît pas , la cause sera jugée par défaut, sauf la réassignation aux termes de l'art. 5 , si les délais de l'assignation n'avaient pas été observés. La jonction du défaut n'est donc pas admise devant la juridiction des juges de paix comme devant les autres.

Comme devant la justice de paix il n'y a point d'avoué exerçant leur ministère , il n'y a point à distinguer les jugements de défaut faute de comparaître et faute de conclure.

La partie condamnée par défaut devra former opposition dans le délai de trois jours à partir de la signification du jugement (art. 20); mais le défaillant peut se faire relever après l'expiration des délais, quand il prouve qu'il n'a pu être instruit de la procédure. (Art. 21).

La péremption du jugement faute d'exécution dans les six mois, ne s'applique pas non plus aux justices de paix. (Art. 11 et 12 de la loi du 25 mai 1838). — L'exécution provisoire des jugements sera ordonnée dans tous les cas où il y a titre authentique, promesse reconnue et condamnation précédente dont il n'y pas eu appel. Dans tous les autres cas le juge peut ordonner l'exécution provisoire nonobstant appel et sans caution, lorsqu'il s'agira de pension alimentaire ou lorsque la somme n'excèdera pas 300 fr. et avec caution au-dessus de cette somme.

Reprise et extinction d'instance.

L'instance ne peut être mise hors de droit que par la mort de l'une des parties légalement notifiée, et il y a lieu de la reprendre par exploit, si les héritiers de la personne décédée ne se présentent pas volontairement.

Les règles de la péremption de l'instance sont toutes spéciales devant les justices de paix, du moins quand un jugement interlocutoire a été rendu. Comme le dit en effet l'art. 15, dans tous les cas où un interlocutoire aura été ordonné, l'instance sera périmée *de droit*, si la cause n'est pas jugée définitivement au plus tard dans le délai de quatre mois, même dans les matières dont le juge de paix connaît en dernier ressort.

Mais si la citation n'a été suivie d'aucun jugement, l'art. 15 demeure sans application et alors c'est la péremption ordinaire de trois ans qui sera admise.

POSITIONS.

Le juge de paix est-il *obligé* quand le défendeur demande à mettre garants en cause, d'accorder un délai par l'appel en garantie? — Non pas toujours.

Faut-il appliquer la règle de la péremption de l'art. 15 aux jugements préparatoires, comme aux jugements interlocutoires et aux jugements interlocutoires par défaut? — Oui.

Droit Criminel.

Ds la prescription de l'action publique et de l'action civile,
et de la prescription des condamnations en matière de délits correctionnels.

En Droit Pénal comme en Droit Civil, la prescription trouve sa raison
d'être dans l'intérêt général, et le législateur en s'occupant d'elle a eu pour
but l'intérêt de la société, son repos, sa sauvegarde et sa moralisation.
C'est donc en nous plaçant à ce point de vue général, dominant tous
les intérêts privés, que nous pourrons pénétrer les motifs véritables qui
ont servi de base à la prescription pénale, et aussi établir certains principes fondamentaux dans la matière, dont les conséquences nous four-
niront les solutions de questions sérieuses et vivement discutées.

D'abord, et c'est ici un point essentiel à fixer, nous trouvons deux
sortes de prescriptions, l'une relative à la poursuite, l'autre à la peine.
Toutes deux différentes pour la durée en raison de l'importance de leur
objet, ont un fondement indentique dont nous allons dire quelques mots.

Quand une longue suite d'années sépare l'époque où la loi a pu être vio-
lée de celle où la répression peut avoir lieu, que l'oubli, suite néces-

saire du temps , est venu jeter dans l'esprit des témoins une confusion fâcheuse , le législateur a pensé que l'impossibilité ou tout au moins la difficulté excessive de constater sûrement un fait ancien , rendait le silence aussi profitable à la société que des recherches pénibles et souvent inefficaces. L'impunité d'une infraction oubliée est sans dangers, tandis que des efforts impuissants ou une sentence juste aux yeux du juge , mais n'apparaissant pas telle aux yeux de tous, peut empêcher la société de croire que ses lois ne l'exposent pas à de funestes méprises.

La prescription est donc une mesure d'ordre général, par laquelle on renonce, dans l'intérêt de la société , à la répression d'infractions problématiques dont la recherche pourrait compromettre quelquefois l'innocence et troubler ainsi l'ordre social qu'elle doit portéger.

Comme nous le faisions pressentir plus haut , si l'oubli de l'infraction *non jugée* dispense du jugement, l'oubli *présumé* de la condamnation prononcée doit dispenser de son exécution. Evoquer les souvenirs de l'une ou de l'autre , serait presque renouveler le mal dont la conscience publique est censée avoir perdu le souvenir.

De là , divers degrés dans la durée : le crime s'oublie moins vite que le délit , et le fait *prouvé* laisse un souvenir plus durable que le fait simplement *présumé* ; donc la prescription de la peine est plus longue à obtenir que la prescription de l'action publique.

Durée de la prescription.

Quel sera le critérium auquel nous pourrons reconnaître si c'est la prescription de dix ans, de trois ans ou d'un an qui est applicable dans le cas de la prescription de poursuite ou bien celle de vingt, de cinq ou de deux ans en matière de prescription de la peine ?

Evidemment pour l'une comme pour l'autre prescription, il faudra s'attacher à la *nature* de l'infraction et non à la nature de la pénalité encourue ou appliquée. Si la prescription a les bases que nous lui assignons, qu'importent les excuses ou les circonstances atténuantes, qu'importe l'âge ou la condition de l'accusé ou du condamné. La prescription est d'ordre public par dessus tout, et en la faisant varier suivant les individus qui en bénéficient, on en ferait une faveur toute personnelle.

Donc, toutes les fois qu'il s'agira d'un délit, la poursuite se prescrira par trois ans, et la peine résultant de la répression d'un délit sera prescrite après cinq ans.

Quant au point de départ de la prescription pour les jugements en dernier ressort ou arrêts, le point de départ c'est la date des jugements ou arrêts. En première instance, le point de départ est l'instant où le jugement n'est plus réformable, au moins par les voies ordinaires, c'est-à-dire après l'expiration des deux mois après lesquels le droit d'appel est interdit au ministère public près du tribunal compétent pour connaître de l'appel.

Le point de départ de la prescription contre la poursuite est, en général, l'instant où le crime a été commis, c'est-à-dire, lorsque depuis le crime il n'a pas été fait d'instruction ou de poursuite.

Il est bon de faire une observation relative aux cas où il ne s'agit pas de délits instantanés. Dans ces cas, on doit donner pour point de départ à la prescription contre les poursuites, l'instant de la consommation, de l'achèvement du délit.

Alors que la prescription contre la peine et la prescription des condamnations civiles suivent des règles différentes et sont dans une indépendance complète l'une vis-à-vis de l'autre (art. 636-642), au contraire la prescription contre l'action publique et la prescription contre l'action civile paraissent devoir se prescrire par le même laps de temps (art. 638.) Le législateur, en effet, ayant fait dans les articles précédents une distinction entre les deux actions, on ne saurait expliquer autrement que par une prescription simultanée, le rapprochement des mots *action publique* et *action civile*. La loi a voulu qu'il en fût ainsi, parce que les preuves sont aussi indécises pour l'action civile que pour l'action publique, et peuvent compromettre tout autant l'honneur et la liberté des citoyens.

De plus, en admettant le système contraire, on en viendrait à faire décider par un tribunal civil un fait concernant des jurés, dont l'impunité serait d'ailleurs certaine, et l'on pourrait ainsi flétrir celui que la loi n'a pas voulu frapper.

POSITIONS.

Le pourvoi formé par le ministère public contre un arrêt d'absolution, interrompt-il la prescription de l'action publique ? — Oui.

La suspend-il ? — Non.

Cette Thèse sera soutenue, en séance publique, dans une des salles de la Faculté, le 10 mai 1858.

Vu par le Président de la Thèse,

CHAUVEAU-ADOLPHE.

Imprimerie Troyes OUVRIERS RÉUNIS, rue Saint-Pantaléon, 5